Barreau de Paris.

LANJUINAIS.

ÉLOGE

prononcé le 26 Novembre 1838,

à l'ouverture des Conférences de l'Ordre des Avocats.

PAR

EUG. MOURIER,

Avocat à la Cour royale de Paris, Docteur en droit.

Imprimé aux frais de l'Ordre.

ÉLOGE

DE LANJUINAIS.

» Deux voix éloquentes s'élevaient, il y a plusieurs années, dans deux enceintes différentes. La France venait de perdre un des hommes les plus illustres d'une génération qui s'éteint; et M. Dacier à l'Institut, M. de Ségur à la chambre des pairs, rappelaient quelques-uns des titres de M. le comte Lanjuinais à la reconnaissance de la patrie.

» Sa vie ne fut pas racontée tout entière. Dans la Chambre des pairs on loua l'homme public, à l'Institut le savant; mais M. Lanjuinais avait été aussi jurisconsulte. Professeur au début de sa carrière, un des derniers il avait enseigné la législation ancienne à son déclin; et remontant dans sa chaire, il avait un des premiers salué l'aurore de la législation nouvelle, et repeuplé par sa parole les écoles que la révolution avait rendues désertes. Le barreau lui devait le tribut de ses hommages. Quand son nom retentissait dans toutes les enceintes veuves de sa gloire, la nôtre ne pouvait point rester silencieuse.

1.

» Il nous appartenait, Messieurs , de parler du professeur et de l'avocat. Mais nous ne devons pas nous borner à l'envisager sous cette seule face de son existence. La vie d'un homme ne peut ainsi se scinder ; il existe un indissoluble lien entre les parties qui la composent, et ne la considérer que d'un seul point de vue ce serait s'exposer à la voir sous un jour incomplet et faux. Si d'ailleurs. arraché à la science du droit par les événemens, M. Lanjuinais avait porté dans la vie politique les vertus de notre Ordre ; si opposé à tous les excès. partisan de toutes les sages réformes, il s'était élevé de toute la puissance de sa renommée et de son talent en faveur des opprimés , dans les temps et devant les partis les plus divers ; si, méprisant également la proscription et les honneurs , calomnié par tous les partis, et juste à l'égard de tous. il était resté vénéré de la France , non-seulement il nous appartiendrait, par ses succès autant que par ses débuts, par les services rendus à la science, autant que par la gloire dont elle l'aurait entouré ; mais ce serait un devoir pour nous de revendiquer tout entière une vie commencée parmi nous, et que domine une pensée empruntée aux traditions du barreau.

» Quelles leçons n'en tirerait pas d'ailleurs une voix digne de la célébrer ! mais nos antiques usages veulent que sur la tombe du jurisconsulte célèbre une jeune voix soit chargée de méditer les graves enseignemens du passé. Cette pieuse coutume était mon seul titre à l'honneur de parler en quelque sorte en votre nom. Fier de votre confiance, mais effrayé malgré moi, en abordant le récit d'une vie déjà racontée par deux hommes de savoir et de talent, j'ai eu besoin, pour me rassurer, d'être certain de retrouver en accomplissant ma tâche l'indulgente bienveillance à laquelle j'ai dû qu'elle me fût confiée.

» JEAN-DENIS LANJUINAIS naquit à Rennes, le 12 mars 1753. Son père, avocat distingué au Parlement de Bretagne, jouissait d'une considération méritée par ses talens et de longs travaux. Lanjuinais était jeune encore lorsqu'un de ses oncles, auteur de quelques ouvrages d'économie politique que le Parlement de Paris avait condamnés comme dangereux, ami de Linguet qu'il avait vainement tenté d'arracher à ses fers, quitta la France pour aller chercher au fond d'un village suisse la paix et la liberté. Ainsi, l'exemple du travail et celui de l'indépendance furent les premiers qu'il reçut de sa famille. Il n'oublia jamais ces deux leçons de son enfance.

» Après de brillantes études que son père avait dirigées, reçu par dispense d'âge avocat à dix-huit ans, docteur en droit à dix-neuf, il se présenta presque aussitôt, devant la Faculté de Rennes, à un concours dont une dispense nouvelle lui ouvrit la barrière. Sa , jeunesse effraya ses juges, et deux ans après seulement, enrichi d'un savoir puisé dans les ouvrages nombreux sortis des universités allemandes, et contr· lequel devaient échouer les efforts de ses adversaires, il obtint, après un nouveau concours, la chaire de droit ecclésiastique. Cette seconde fois il avait failli succomber encore ; trop jeune pour les uns, trop savant pour les autres, il allait être repoussé, lorsque la généreuse indignation d'un des professeurs épargna à la Faculté de Rennes une injustice et un prétexte de plus aux détracteurs des concours.

» Il avait vingt et un ans : vainqueur à l'âge où les autres hommes entrent à peine dans la carrière; maître et plus jeune que la plupart de ses élèves, que Toullier par exemple, qui prenait alors ses degrés dans cette Faculté dont, un demi-siècle plus tard, il devait être l'honneur, Lanjuinais ne s'endormit point dans son triomphe. Libre des incertitudes cruelles qui suspendent souvent nos premiers pas, et s'appuyant sur ses magnifiques débuts pour s'avancer hardiment vers l'avenir, il se livra tout entier aux travaux de l'enseignement et du barreau.

» En 1779, le consentement unanime des trois ordres l'appela aux fonctions honorables, ordinairement réservées à de vieux jurisconsultes, de conseil des états de Bretagne, et son nom ne tarda pas à franchir l'enceinte des écoles et du palais.

» Dans cette même année, une cause importante fit bien connaître ses opinions, l'étendue de son esprit, la fermeté de son caractère, sembla désigner à l'avance la place qu'il occuperait plus tard, et influa puissamment sur le reste de sa vie.

» La question de savoir si le droit de colombier, réservé à la seule noblesse, pouvait se prouver par titres, ou s'il fallait de plus que le titre fût accompagné de possession ancienne, avait été soumise au Parlement de Bretagne. A toute autre époque indifférente au plus grand nombre, et oubliée le lendemain du jour qui l'aurait vue naître, cette question ne pouvait manquer de soulever alors une lutte intéressante et vive : il s'agissait de priviléges.

» Fruits des nécessités sociales, comme toutes les grandes institutions humaines, les priviléges ne s'étaient pas éteints avec les besoins auxquels ils devaient leur origine. Transformés en abus par le changement des temps, répoussés par les mœurs, à peine soutenus par cette apparence de droit qu'enfante une longue possession, ils touchaient au terme fatal de leur existence. Mais ils ne devaient pas tomber seuls : leur ennemie autrefois, leur alliée maintenant, l'ancienne monarchie allait s'écrouler et disparaître avec eux. À l'approche des grands événemens qu'un pressentiment général annonçait, la société inquiète recueillait avec soin les moindres bruits ; les partis, impatiens de commencer la lutte, saisissaient avec ardeur l'occasion de mesurer leurs forces, et, s'attachant à des questions peu importantes en apparence, préludaient, sur ces limites extrêmes, aux combats qu'ils n'osaient encore transporter sur un plus vaste terrain.

» Lanjuinais repoussait les prétentions de la noblesse et soutenait l'insuffisance des titres qu'aucune possession n'accompagnait. Il avait pour adversaire M. Duparc-Poullain, professeur comme lui à la Faculté de Rennes, et entouré d'une vieille réputation fondée sur de nombreux succès. Entre ces deux hommes, représentans de deux principes ennemis, et comme les principes pour lesquels ils combattaient, l'un vieux et l'autre jeune, l'un prêt à terminer une carrière brillante, et l'autre au début d'une carrière qui devait être plus brillante encore , la question s'étendit, et les deux adversaires, dans la chaleur du débat, ne s'épargnèrent pas à eux-mêmes les coups que les parties auraient dû seules recevoir. Blessé du ton de supériorité dédaigneuse de son vieux confrère, Lanjuinais s'exprima avec une vivacité que la défense excusait. Il osa attaquer les priviléges, ne ménagea ni la noblesse qui les avait usurpés, ni le clergé qui défendait la noblesse, et par l'audacieuse vérité de ses reproches il souleva contre lui ses puissans adversaires. Son mémoire, dénoncé au Parlement, fut supprimé comme calomniant les trois ordres de l'Etat.

Le barreau s'émut de cette condamnation, l'ordre entier des avocats s'assembla, le mémoire fut lu, discuté, approuvé unanimement ; on décida qu'il serait placé dans la biblothèque de l'Ordre, et que le bâtonnier transmettrait la délibération au procureur-général. Le Parlement, auquel elle fut communiquée la laissa subsister ; nouvel exemple de la courageuse fermeté que notre Ordre eut occasion de déployer si fréquemment à cette époque. Quelques années auparavant, s'associant à la résistance des parlemens, le barreau avait protesté par son silence contre l'exil de la magistrature ; aujourd'hui qu'un blâme injuste atteint la libre parole d'un de ses plus jeunes membres, il se lève, et couvrant de son imposante unanimité la cause qui est la sienne, l'orateur dont il semble prévoir les destinées, il impose à la magistrature à son tour et s'en fait respecter. C'est ainsi, Messieurs, qu'en se maintenant, à l'égard de tous les pouvoirs, dans une noble indépendance, nos pères surent toujours conserver des défenseurs à tous les droits, à la justice la dignité qui lui convient, et au barreau lui-même son importance et sa gloire.

» Lanjuinais gagna sa cause ; mais soit qu'effrayé de son propre succès, il redoutât les haines que sa victoire allait soulever contre lui; soit plutôt qu'avec tous les esprits élevés, son regard, perçant dans l'avenir, y découvrît les événemens qui s'avançaient à grands pas, et qu'il sentit le besoin de se préparer à l'avance par de fortes études et de longues méditations; se livrant exclusivement à l'enseignement du droit et à la consultation, il abandonna la plaidoirie, à laquelle il ne revint jamais depuis, et s'enferma dans son cabinet pour n'en plus sortir que lorsque le jour des révolutions serait arrivé.

» Souvent, Messieurs, dans cet intervalle de quelques années on invoqua son autorité déjà puissante. Les mémoires qu'il composa et fit imprimer forment 4 volumes in 4°; plusieurs sont de véritables traités sur des matières diverses. C'est ainsi qu'en 1786 il publia, sous la forme modeste d'un mémoire sur procès, un traité curieux dont on regrette aujourd'hui la rareté, sur l'origine, l'imprescriptibilité, les caractères distinctifs des différentes espèces de dîmes, et sur la présomption légale de l'origine ecclésiastique de toutes les dîmes tenues en fief.

» Les travaux de sa chaire ne l'occupaient pas moins ; il avait préparé sur le droit canonique deux ouvrages dont les événemens politiques empêchèrent la publication. L'un et l'autre sont écrits en latin. Dans le premier, qui avait pour titre : *Institutiones juris ecclesiastici, ad fori gallici usum accommodatæ*, il avait tracé les principes généraux du droit canonique, développés dans le second : *Prælectiones juris ecclesiastici, juxtà seriem Gregorianæ decretalium collectionis, et ad fori gallici usum accommodatæ*.

• Ainsi se sont formés dans des études étrangères aux travaux qui ont fait leur gloire, la plupart des hommes dont la France révolutionnaire s'est honorée. Celui-ci de théologien devient publiciste, celui-là prélude par les succès de la chaire aux succès de la tribune; dans l'étude du droit l'un se prépare à la défaite des armées ennemies, l'autre aux débats orageux des assemblées. Quand le choc violent des révolutions a confondu tous les rangs, bouleversé toutes les existences, tous les hommes dont l'intelligence est élevée, mettent au service de la société leur activité devenue inutile. Inaperçus auparavant dans la place obscure que leur imposait l'ordre régulier de la vieille société, les uns brillent parce qu'ils sont libres de prendre la route qui leur convient, les autres parce que les forces de leur esprit, trésor lentement amassé dans les travaux quels qu'ils soient de la jeunesse, apparaissent au jour du danger, et la société s'avance puissamment soutenue vers ses nouvelles destinées.

• Cependant l'heure des réformes approchait. Le pouvoir, sollicité par les cris qui s'élevaient de toutes parts, pressé par les besoins généraux, plus encore peut-être par ses propres embarras, allait donner le signal impatiemment attendu. La convocation des notables, celle des Etats-Généraux, la rédaction des cahiers, partout accueillies avec ardeur, le furent surtout en Bretagne. Sous le nom de privilége, vieux mot qui cache souvent la liberté au moyen-âge, la Bretagne avait conservé son régime municipal et ses Etats; accoutumée au gouvernement représentatif, elle comprenait, elle voulait l'application de ces théories d'un pays voisin vantées par Montesquieu, préconisées par Mably, et sur lesquelles se sont appuyés la plupart des gouvernemens modernes. Aussi une guerre d'écrits, à laquelle prit part Lanjuinais, précéda-t-elle d'assez longtemps l'ouverture des Etats-Généraux. Tous les bruits s'apaisèrent enfin, une seule lutte attira tous les regards ; la France attentive avait cessé de diriger elle-même ses destinées remises aux mains de l'assemblée nationale. Lanjuinais, député de la sénéchaussée de Rennes, était venu y apporter les cahiers dont il avait été le principal rédacteur.

» Que ne puis-je, Messieurs, parcourir avec vous les travaux de cette assemblée, la première et la plus grande de nos assemblées délibérantes ! que ne puis-je suivre Lanjuinais pas à pas dans sa longue carrière politique ! vous rappeler tous ses discours , tous ses actes , ce serait refaire devant vous l'histoire de nos révolutions ; mais quel éloge peut suppléer au récit exact des faits ? Qui peindra mieux l'énergie de sa volonté que la formation du club breton, où se préparèrent la plupart des grandes mesures qui amenèrent la réunion des trois ordres dans les Etats-Généraux ; l'élévation de ses idées, que le projet sur les actes de l'état-civil, rédigé par lui, adopté par l'assemblée législative, et passé presque entier dans notre Code ? Qui fera mieux connaître, ce qui fut enfin et surtout sa mission, l'intelligence des besoins sociaux et le respect pour tous les droits, que sa conduite dans le comité ecclésiastique, où l'appelaient ses connaissances spéciales, et dans lequel on le vit, tantôt le défenseur du clergé et tantôt son adversaire, réclamer avec un zèle égal la conservation d'une partie de ses biens, selon lui nécessaire à son indépendance, et le maintien des libertés de l'église gallicane ; et prendre part enfin à l'un des travaux les plus importans de cette époque, la constitution civile du clergé.

» On ne rend pas assez justice de nos jours aux difficultés immenses de cette grande œuvre. Les susceptibilités du sentiment religieux, les habitudes du clergé méconnues, ses intérêts froissés, la rapidité des transitions, les répugnances, les obstacles, les dangers, il fallait tout prévoir et tout prévenir ; respecter les droits du clergé et maintenir ceux de l'Etat ; ne blesser ni la liberté des cultes ni l'indépendance nationale, et tenir la balance égale entre Rome et la France. A peine connaissons-nous aujourd'hui ces questions, qui ne retentissent plus parmi nous ; depuis longtemps les partis qui divisaient l'Eglise se sont réunis pour faire face aux danger[commun. Mais canoniste et catholique, incapable d'une concession, Lanjuinais défendit jusqu'à sa mort la constitution dont il avait contribué à poser les bases et n'imputa jamais sa chute qu'à des prétentions exagérées et aux malheur des temps.

» Les premiers changemens se firent légalement et sans excès; mais aux beaux jours de l'assemblée constituante succédèrent les tristes jours de l'assemblée législative. Tandis que Lanjuinais, revenu à Rennes, où on le nommait officier municipal, cherchait à oublier, dans ses anciens travaux, les fatigues de la vie politique, la royauté s'écroulait, le 10 août, sous les efforts de la commune insurgée, les massacres de septembre épouvantaient la France et l'Europe, et tout se préparait pour une lutte qui restera à jamais célèbre par la grandeur des intérêts, le courage et le talent des victimes, les malheurs et la gloire de l'époque qu'elle précéda.

Lorsqu'en septembre 1792 Lanjuinais revint à Paris député d'Ille-et-Vilaine, il alla prendre place dans la partie de l'assemblée connue sous le nom de la députation célèbre qui lui avait fourni ses orateurs les plus illustres. Il n'assistait pas aux réunions des Girondins, mais il combattait avec eux et près d'eux pour la défense des mêmes principes. Comme eux il aimait la liberté , comme eux il nourrissait une haine ardente contre l'insurrection et les malheurs qu'elle entraîne; il les égalait par ses talens, il les surpassait par son énergie dans le danger.

» La Convention, arrêtée pendant un instant à peine par l'abolition de la royauté, dut s'occuper de la punition du massacre des prisons. Ce fut le triste sujet de ses premiers et peut-être de ses plus orageux débats. Profondément révolté de ces lâches attentats dont il voulait la vengeance, Lanjuinais ne s'effraya pas de la violence intéressée de la Montagne, et jamais on n'évoqua dans l'assemblée les souvenirs sanglans de septembre sans qu'il fût prêt à s'élancer à la tribune pour y répandre son amère et chaleureuse indignation.

» On dit que dans une séance de nuit, la salle de la Convention était à peine éclairée, les bancs les plus éloignés du centre étaient restés dans l'ombre, Danton à la tribune vantait les services qu'il avait rendus à la patrie. Tour-à-tour il parlait de justice et d'humanité, quand d'une des parties restées dans l'ombre une voix forte prononça lentement le mot septembre ; l'assemblée frémit et Danton ému s'arrêta. C'était la voix de Lanjuinais.

» La Gironde prenait à chaque instant des forces nouvelles; ses attaques devenaient de jour en jour plus vives. La Montagne inquiète voulut-elle opérer une diversion? comme on le répéta si souvent à la tribune, espéra-t-elle rompre par ce fatal moyen avec le royalisme au dedans, et les puissances absolues au dehors? ou le spectacle de la royauté vaincue et prisonnière au temple n'assouvissait-il pas encore les vengeances de ses ennemis? Le procès de Louis XVI fut arraché à l'assemblée par la Montagne, et toutes les autres questions pâlirent et furent oubliées.

» Utile à tous les partis, la fermeté est nécessaire surtout aux partis modérés. Proclamer l'empire de la justice, et, cédant aux exigences des temps, fouler aux pieds le droit pour des nécessités prétendues, c'est ne se réserver aucun appui pour se retenir sur la pente glissante des concessions. Lanjuinais le comprenait; ferme dans ses convictions, inébranlable dans ses principes, il s'était tracé une route à l'avance et la suivait. Il ne devait y rencontrer que de trop solennelles occasions de déployer son humanité et son courage.

» Tandis que le procès de Louis XVI s'avançait, l'insurrection croissait aussi, non plus bruyante alors, mais morne et menaçante. Les vengeances populaires s'amassaient lentement contre ceux que retiendrait un sentiment de respect, de justice ou de piété, et vainqueurs ou vaincus attendaient avec une égale anxiété la fin des plaidoiries du défenseur. A ce moment même un débat tumultueux s'engagea. Fallait-il ouvrir la discussion? Ne devait-on pas au contraire procéder à l'appel nominal? Duhem et Bazire voulaient que l'on décidât sur-le-champ si Louis subirait la peine capitale. La Montagne soutenait avec violence ce dernier parti, et les tribunes applaudissaient à ses efforts. Lanjuinais, ému de ce spectacle, élève la voix au-dessus des clameurs. « Le temps des hommes féroces est
» passé, s'écrie-t-il; il ne faut plus songer à nous arracher des dé-
» libérations qui pourraient déshonorer l'assemblée. On veut vous
» faire juger l'accusé sans vous donner le temps de méditer sa dé-
» fense; je vous demande, moi, le rapport d'un décret barbare, qui
» vous a été ravi en quelques minutes et par voie d'amendement,
» celui qui vous a fait juges dans cette affaire. » Puis, abordant le fond même de la question, il s'efforça de démontrer que les mêmes hommes ne pouvaient pas être à la fois législateurs, accusateurs et juges.

» L'assemblée ne rapporta pas le décret par lequel elle s'était reconnue compétente. La discussion fut ouverte. Lanjuinais publia son opinion : il reproduisait de nouveau ses anciens argumens, il demandait l'appel au peuple, il réclamait le vote au scrutin secret.

« L'appel nominal qu'on vous a fait décréter, disait-il, et qu'on ne
» m'accusera pas de redouter pour moi-même; cet appel si terri-
» ble, en cette salle, en cette ville, quand une faction puissante et
» audacieuse réclame le supplice avec tant d'éclat et de fureur,
» pourriez-vous y persister? Vos contemporains, la postérité, le
» ciel et la terre vous le reprocheraient comme une lâcheté insi-
» gne et impardonnable. » Que pouvaient quelques courageuses
paroles! Après avoir déclaré la culpabilité et rejeté l'appel au peuple, la Convention allait voter sur la peine. Lanjuinais se lève pour
faire un dernier effort. Il demande, « au nom de la justice et de
» l'humanité, aux termes de la loi, que les trois quarts au moins
» des suffrages soient nécessaires pour la condamnation. » La Convention passe à l'ordre du jour, et le vote commence. Appelé à son
tour : « J'ai entendu dire que nous devons juger cette affaire com-
» me la jugerait le peuple lui-même ; or, le peuple n'a pas le droit
» d'égorger un prisonnier vaincu; c'est donc d'après le vœu et les
« droits du peuple que je vote pour la réclusion jusqu'à la paix, et
» le bannissement ensuite. » Pourquoi cette inébranlable fermeté
ne trouva-t-elle pas de plus nombreux imitateurs? « Votez pour le
bannissement, » avait-il dit quelques jours auparavant à Lepelletier
de Saint-Fargeau qui le consultait. « Mais ils me tueront, » répondit
Lepelletier, et il déposa dans l'urne un vote de mort. Quatre jours
après il l'expiait sous le poignard du garde Pâris, se précipitant
ainsi, victime de ses propres terreurs, au-devant des destinées qu'il
voulait fuir.

» Le mouvement révolutionnaire, vainqueur de l'obstacle qui l'a-
vait un moment retenu, reprit son cours plus rapide et plus fort.
Une fois la Gironde avait cédé, et maintenant de défaite en défaite,
elle allait s'avancer à grands pas vers sa ruine. Cependant tous les
hommes de cœur qu'elle comptait dans son sein ne perdirent pas
courage; celui qui avec la puissante chaleur de sa sombre imagina-
tion, s'élançant à la tribune le jour où Robespierre y jetait un défi au
côté droit, à son interpellation célèbre : « Qui de vous osera m'accuser
en face?» avait répondu : «moi!» et fait pâlir le tribun épouvanté, éveil-
lait quelquefois encore les échos de la tribune. Quelquefois aussi sor-
tant de son habituelle indolence, l'orateur le plus entraînant de la Gironde s'animait aux bruits de l'assemblée, et l'inondait des magnifiques
et des derniers torrens de son éloquence. Mais dans les rangs de la
droite la résistance allait s'affaiblissant chaque jour. Un seul homme, par l'énergie de sa parole, l'indomptable franchise de ses attaques, grandissait avec les dangers. Demandait-on, au 8 février, le rapport du décret qui ordonnait la reprise des poursuites contre les
assassins de septembre, sorte de dédommagement jeté aux vaincus

après le procès de Louis XVI, il en réclamait le maintien, et au milieu d'une orageuse discussion parlait le dernier et le plus haut. Un mois plus tard, le 9 mars, il combattait l'établissement du Tribunal révolutionnaire; vaincu sur le principe, il tentait, mais en vain, d'empêcher que cette calamité ne s'étendît au-delà du département de Paris, et protestant jusqu'au dernier jour contre la plus barbare des lois, il refusait de se rendre au comité de législation convoqué pour la rédiger. Lorsqu'au 15 avril, le maire, au nom des sections et de la commune, vint demander à la barre l'expulsion de vingt-deux députés du côté droit; lorsque l'assemblée effrayée par la proscription qui la menaçait, après avoir déclaré la petition calomnieuse, y eut répondu par la nomination d'une commission de douze membres, investis de pleins pouvoirs pour réprimer les complots commis dans toute l'étendue du territoire, il s'attacha dans toutes les occasions à soutenir cette mesure de vigueur inespérée. Le 27 mai, des factieux assiégeaient la barre, envahissaient les bancs de l'assemblée, prononçaient la dissolution de la commission des douze; mais la convention, libre, la rétablissait le lendemain, à quarante voix de majorité; et c'était encore sur la proposition de Lanjuinais.

Fatiguée enfin de ces obstacles, la Montagne recourut à son dernier moyen; elle redoutait l'éloquence de Vergniaud, la vieille popularité de Pétion, les accusations audacieuses de Louvet, l'énergique persistance de Lanjuinais, et la Convention modérée allait avoir son 10 août.

De toutes parts l'insurrection s'organise, le 31 mai la Convention cédant à l'orage, supprime la commission des 12; mais ce n'était plus assez pour le conjurer. Toute la nuit du 1er au 2 juin le tocsin sonne dans Paris, la générale bat, le canon d'alarme retentit et le matin quatre-vingt mille hommes entourent la Convention. Les Girondins, consternés par ces sinistres avant-coureurs, s'étaient réunis en armes chez l'un d'eux, et Lanjuinais siégeait presque seul aux bancs dégarnis de la droite. La séance s'ouvre; après quelques travaux inutiles, vaine affectation de liberté! l'ordre du jour appelle l'admission des pétionnaires de la commune. Lanjuinais se dirige vers la tribune. A bas! à bas! s'écrie-t-on; vous voulez amener la guerre civile. « Tant qu'il sera permis de faire entendre ici sa voix, reprend » Lanjuinais, je ne laisserai pas avilir dans ma personne le caractère de représentant du peuple. Depuis trois jours il n'est que trop » notoire que vous ne délibérez plus; une puissance rivale vous » commande, elle vous environne au dedans de ses salariés, au de» hors de ses canons (de violens murmures se font entendre). Jus» qu'ici vous n'avez rien fait, vous avez tout souffert; une as-

« semblée insurrectionnelle se réunit, nomme un comité char-
« gé de préparer la révolte, un commandant pour l'exécu-
« ter; et cette assemblée, ce comité, ce commandant, vous
» souffrez tout cela! » A ce moment, ce ne sont plus des mur
mures qu'on entend, ce sont des cris, des injures, des menaces.
« Descends de la tribune, Lanjuinais, s'écrie le boucher Legendre,
ou je vais t'assommer. — Fais décréter que je suis un bœuf, répond
l'orateur, et tu m'assommeras. » A ce langage énergique, le seul
capable d'imposer aux passions violentes, le calme renaît, et Lanjuinais continue, attaquant l'insurrection. « C'est quand cette autorité
» rivale et usurpatrice vous fait entourer d'armes et de canons,
» qu'on vous reproduit une pétition traînée dans la boue des rues de
» Paris... — Lanjuinais insulte le peuple dans l'exercice de son droit de
» pétition, s'écrie un membre. — On m'accuse de calomnier Paris?
» — Oui, oui, répondent un grand nombre de voix. — Non; Paris est
» pur, Paris est bon, Paris est opprimé par des tyrans qui veulent
» du sang et la domination. » Des cris de fureur font retentir la
salle, Chabot, Drouet, Robespierre jeune, Turreau, le pistolet à la
main, s'élancent sur la tribune et veulent en précipiter Lanjuinais;
Defermon, Pénières, Lidon, Pilastre, volent à son secours, et lui, se
cramponnant à la tribune, et dominant de sa voix puissante les cris
féroces des spectateurs, sous le fer des assassins, s'efforce encore
de rendre à la Convention sa liberté.

» On introduit enfin les pétitionnaires de la commune. Des applaudissemens frénétiques des tribunes accueillent leurs deman-
des d'arrestation; la Convention renvoie la pétition au comité de salut public pour en faire un rapport sous trois jours, mais l'exaspé-
ration des tribunes l'a fait renoncer à cette habile temporisation ;
elle décide que le rapport sera fait sur-le-champ. Barrère paraît an-
nonçant qu'il est prêt à parler. « Le comité, dit-il, n'a eu le temps
» d'éclaircir aucun fait, mais vu l'état politique et moral de la Con-
» vention, il pense que la suspension volontaire des députés dési-
» gnés produirait le plus heureux effet, et sauverait la république
» d'une crise effrayante à prévoir. » Les députés désignés sont successivement appelés à la tribune : Isnard déclare qu'il ne mettra jamais en balance avec le salut de la patrie sa démission et même
sa vie; Lanthénas, Fauchet, Dussaux, suivent son exemple et
consentent à se retirer. Lanjuinais vient après eux : « Si j'ai
» montré jusqu'à présent quelque courage, dit-il, je le dois à
» l'amour ardent qui m'anime pour la patrie et la liberté ; je serai
» fidèle, je l'espère, à ces deux sentimens jusqu'au dernier souffle
» de ma vie, n'attendez donc de moi ni démission, ni suspension. » Il
allait continuer lorsqu'il fut interrompu par des cris violens partis de

la Montagne ; on injuriait Barbaroux, comme lui l'un des proscrits.
« On a vu dans l'antiquité, s'écrie Lanjuinais, orner les victimes de
» fleurs et de bandelettes, mais le prêtre qui les immolait ne les in-
» sultait pas. » L'assemblée, subjuguée, le laissa continuer, soutenir
qu'il n'était pas libre pour donner sa démission, qu'elle n'était pas
libre pour la recevoir, et avec une audace sublime, la conjurer de
manier avec vigueur le sceptre des lois déposé en ses mains, de casser les autorités insurgées de la commune, de proclamer la volonté
nationale.... Mais contre la force et des passions furieuses que peuvent le courage et l'éloquence ! Le soir, après une promenade autour de la salle, la Convention, abreuvée d'injures, convaincue qu'elle
était prisonnière et sans défense, vota la suspension. On hésitait à
son égard; Chabot dit assez haut à Legendre : « Pourquoi Lanjuinais est-il dans la liste ? » D'autres membres de la Montagne criaient :
« Lanjuinais catholique, catholique! » on le confondit avec les Girondins. Leur rival par son éloquence, leur maître par son courage,
il méritait d'autant mieux cet honneur qu'il n'avait, lui, pas même
un reproche à se faire. »

» Dans le duel entre les défenseurs de la liberté légale et les parsans d'une démocratie impossible, la Montagne l'a emporté. Plus
ferme, et comme quelques hommes éminens dont Lanjuinais était
le chef, refusant au 2 juin le suicide arraché à sa faiblesse, la
Gironde aurait-elle triomphé ou péri foudroyée sous les canons
d'Henriot? C'est un problème insoluble ; car, dans ces instans solennels, à quoi tiennent les destinées des peuples? Le comité de salut public a su défendre la France contre la plus grande partie des
départemens révoltés et l'Europe coalisée contre nous ; mais à des
maux qui eussent été moindres sans doute qui osera affirmer que
la Gironde n'aurait pas pu opposer une assez énergique résistance ?
Le but de l'une et de l'autre était également saint, mais la Gironde
n'aurait employé que des moyens aussi purs que son but. Eùt-elle
dù succomber, à nos yeux elle mériterait le plus de gloire encore,
car il ne faut pas juger de la moralité des événemens par leur utilité, et mieux vaut périr en défendant la justice et l'humanité que
vaincre en les combattant.

» Ainsi s'est terminée cette lutte, mémorable entre celles dont
l'histoire conservera le souvenir. Désormais la terreur va régner en
France, le Tribunal révolutionnaire frappera sans choisir ses victimes, la justice sera voilée, la liberté méconnue, et nous aussi, suivant Lanjuinais dans l'exil, nous allons nous éloigner de ces lieux,
où le droit a succombé sous la force.

» Tandis que quelques-uns des députés suspendus prenant la fuite, et se répandant dans le nord, l'ouest et le midi de la France, y

soulevaient contre Paris les provinces irritées de l'expulsion de leurs
représentans, Lanjuinais avec quelques autres se soumettait au décret qui les retenait en prison dans leurs demeures, et ordonnait
qu'ils seraient gardés à vue par des gendarmes. Aurait-il pu se con-
tenter d'une vertu oisive ! Chaque jour ses pétitions demandaient sa
réintégration à l'assemblée, et lorsqu'il fut contraint d'en désespérer,
entrevoyant dans l'avenir le sort qui le menaçait, il résolut d'éviter
une mort injuste. Le 23 juin, feignant de reconduire un de ses amis
qui lui avait rendu une courte visite, il sortit sans éveiller les soupçons du gendarme de garde près de lui, monta dans une voiture qui
l'attendait à la porte, se cacha deux jours au Marais, près d'Argen-
teuil, chez M. de Château-Giron, et regagna Rennes en traversant la
Normandie insurgée pour éviter plus aisément les poursuites.

» L'insurrection, suivant le littoral de l'Océan, s'étendait alors de
la Normandie à la Bretagne. Rennes, qui commençait à se soulever,
reçut Lanjuinais en triomphe. Il voulait empêcher un crime et non
augmenter les malheurs de la patrie. Etranger à la guerre civile, il
ne profita des derniers beaux jours que pour publier, sous le titre
ironique de son dernier crime, une brochure dans laquelle il jugeait
la constitution anarchique de 1793. Il fallait se hâter ; le 28 juillet
les députés en fuite furent mis hors la loi ; la défaite facile des fé-
dérés à Vernon amena la prompte soumission de Caen ; Rennes vit
arriver Carrier dans ses murs ; et sous le niveau sanglant promené
par le farouche proconsul, toutes les têtes se courbèrent.

» Pour Lanjuinais, il ne voulut charger personne de ses malheurs,
et ne chercha un asile que sous son propre toit. Pendant dix-huit
mois, il eut pour demeure un étroit grenier, dans lequel on péné-
trait par un trou caché sous la tapisserie d'une chambre voisine, et
qu'éclairait une lucarne à demi-bouchée par un fagot. Ce fut là
qu'avec quelques livres, seuls compagnons de sa longue détention,
dont ils abrégeaient les ennuis, pieusement résigné, sans braver les
périls et sans les craindre, il attendit des temps meilleurs. Sa femme,
avec une domestique, qui avait obtenu en pleurant de partager les
dangers de ses maîtres, veillait seule sur les jours du proscrit. La
loi des suspects atteignit son frère et sa sœur, sa mère septuagé-
naire, sa fille, âgée de trois ans. Mme Lanjuinais, dont on ne redira
jamais trop le courageux dévoûment, n'évita le même sort, et n'é-
chappa aux soupçons du comité révolutionnaire, qu'en faisant pro-
noncer le divorce, seul et dernier moyen demandé à la barbarie des
lois, de sauver celui qu'elles voulaient atteindre.

» Le 9 thermidor arriva. Apres avoir obtenu la liberté de sa famille, Lanjuinais fut rendu lui-même à la vie civile avec les autres députés mis hors la loi. Réintégré un peu plus tard dans ses fonctions

de représentant du peuple, il reparut à la tribune le 11 floréal an
III, et fut salué par d'unanimes applaudissemens.

»Le comité de salut public avait parcouru son effrayante carrière.
La Convention, incertaine d'abord et comme étourdie de sa victoire,
obéissant enfin au mouvement réactionnaire des esprits, suivait une
route nouvelle; cependant le temps des rigueurs exceptionnelles du-
rait encore, car la modération triomphante avait aussi ses vengeances. Le 2 prairial, Lanjuinais demandait, avec Lesage, d'Eure-et-Loir,
que la Convention renvoyât devant les Tribunaux ordinaires les députés accusés de s'être rendus, la veille, complices des jacobins ar-
més contre elle, et sa voix ne fut pas entendue. Au 13 vendémiaire
il voulait, avec Gamon, que la Convention, avant de livrer bataille
aux sectionnaires révoltés, essayât de les ramener par la persuasion;
et ce fut inutilement encore. Plus heureux cette fois, il obtint la réou-
verture des églises, et la restitution des biens confisqués sur les condamnés révolutionnairement. « Innocens ou coupables, disait-il avec
énergie, ils n'ont pas été jugés, mais assassinés. »

» Ainsi tour à tour défendant tous les partis, ou plutôt ne défendant que la justice, il prit part à presque tous les événemens de ces
temps malheureux ; et tour à tour aussi, élevé ou abaissé par une
popularité qu'il n'avait ni dédaignée ni recherchée, car dans les
temps de révolution les renommées le mieux établies s'usent promptement. En l'an IV, il fut porté par soixante-treize départemens à
la députation, où le sort l'appela à faire partie du conseil des anciens;
en l'an V, il ne fut pas réélu. Pour la première fois depuis 1789, ren-
trant dans la vie privée avec quelque espoir d'y rester, il se hâta de
remonter dans sa chaire abandonnée.

» Les événemens qui suivirent le 18 brumaire parurent devoir le
rendre à la vie politique. Présenté par le corps législatif, appuyé auprès du premier consul par Volney, favorisé par Mme Bonaparte, qui
n'avait pas oublié les anciens avis de la veuve du général Beauhar-
nais, il entra au sénat le 22 mars 1800. Napoléon s'efforçait alors de
rendre à la France l'ordre que le Directoire avait été impuissant à
lui donner ; les résistances individuelles tendaient chaque jour à
s'effacer davantage ; le besoin des temps, la lassitude des partis, la
puissance du chef, tout concourait à ce but. Lanjuinais s'opposa
encore, en 1802, au consulat à vie ; en 1804, à l'élévation de Napoléon à l'empire; mais ce furent les derniers actes d'une inutile op-
position. Le bruit des victoires devait désormais couvrir toutes les
voix qui tenteraient de s'élever. Sans faveur auprès d'un pouvoir
qu'il ne voulait pas flatter, qu'il ne pouvait pas combattre, Lanjuinais se tint à l'écart, protesta silencieusement par son vote contre le

despotisme de l'empire, applaudit au triomphe de nos armes, et regretta la liberté.

» Ici, Messieurs, j'ai besoin de m'arrêter pour faire quelques pas en arrière ; entraîné par la rapidité des événemens politiques, j'ai omis la partie de sa vie qui nous appartient spécialement. J'ai parlé de l'orateur et de l'homme d'état, j'ai laissé de côté le jurisconsulte. Maintenant que la vie politique est en quelque sorte suspendue, que la France enivrée de gloire oublie le but de ses longs efforts, je reviens aux travaux du professeur.

» Lorsqu'en l'an V Lanjuinais rentra à Rennes, les écoles de droit n'existaient plus ; les institutions scientifiques n'avaient pas plus que les autres résisté au torrent révolutionnaire. Essayant timidement de réorganiser la France nouvelle, la Convention, il est vrai, avait attaché aux écoles qu'elle avait instituées dans chaque département une chaire de législation. Lanjuinais fut nommé à celle de Rennes, et quelque difficulté que doive éprouver un seul homme à embrasser les branches nombreuses dont la science du droit se compose, il osa l'entreprendre. Son programme, rendu public, fut suivi par presque tous les professeurs des écoles centrales.

» Dans son cours, qui devait durer trois années, il ne bornait pas la science à l'étude des textes. Remontant aux principes éternels de la religion et de la philosophie, il tirait d'une théorie des droits et des devoirs la raison du droit et son explication ; étudiait toutes choses sous le rapport du juste et de l'injuste, et justifiait la belle définition du jurisconsulte romain : *Jurisprudentia est divinarum atque humanarum rerum scientia.* Le droit constitutionnel français, la nature de notre organisation politique, ses principes et ses conséquences ; le droit criminel, sanction de la société ; les règles sur l'organisation et la compétence des Tribunaux, autre moyen de la maintenir, étaient successivement passés en revue ; et il terminait son cours par l'étude du droit civil et de la procédure.

» Peu après, il put appliquer sur un plus vaste théâtre les mêmes théories. Revenu à Paris en 1800, il se réunit à Target, Portalis, Malleville, Bernardi, pour former, sous le nom d'institut de jurisprudence, changé plus tard en celui d'académie de législation, une école libre dont il fut chargé de rédiger les programmes. L'académie de législation, qui n'est pas moins célèbre par l'illustration des élèves (1) que par le talent des maîtres, n'eut qu'une courte durée.

---

(1) MM. Teste, Dupin, Parquin, Hennequin, Bourguignon, Champanhet, Agier, étaient élèves de l'académie de législation.

Lorsqu'en 1804 Napoléon eut créé les écoles de droit, et forcé les juristes d'y prendre leurs degrés, l'école libre cessa d'exister. L'enseignement n'était pas détruit, mais ses bases étaient changées ; l'empereur avait supprimé toutes les chaires philosophiques, et réduit à la connaissance du droit privé le savoir des jurisconsultes. Ce fut, Messieurs, dans la science du droit, un événement important, trop peu apprécié, et trop facilement oublié.

» Par ses mœurs simples, ses études laborieuses, l'élévation religieuse de ses principes, Lanjuinais appartenait à cette école de nos vieux jurisconsultes dont nous avons souvent admiré la physionomie austère. Grands par leurs travaux, vénérables par leurs vertus, puissans par leur savoir et par l'étendue de leur intelligence, ils s'éloignaient du tourbillon bruyant du monde, passaient leur vie au barreau ou dans la famille, jetaient à peine et de loin quelques regards sur la vie politique, et ne s'y mêlaient que malgré eux, pour y apporter, avec la gravité de leur expérience, les notions éternelles de la justice. Lorsque l'assemblée constituante, rompant brusquement avec le passé, détruisit le réseau de lois, de coutumes, d'usages divers, qui couvraient la France, et entreprit de la doter d'une législation uniforme ; lorsque surtout le beau travail de la codification, conçu et commencé par la constituante, fut exécuté par le consulat, les études changèrent, les mœurs durent se modifier, et la science du droit subit une atteinte grave. Autant les lois avaient gagné en clarté, en justesse, en brièveté, autant le droit perdit en étendue et en puissance. Les causes en étaient nombreuses. D'une part, l'attention des jurisconsultes, exclusivement portée sur le droit privé, tendait naturellement à s'y restreindre. D'autre part, au sortir d'une révolution qui avait brisé une foule d'existences, et en déplaçait chaque jour encore, les hommes de la génération nouvelle, empressés de se précipiter dans la carrière devenue aisée à parcourir, crurent trouver dans l'étude facile et prompte des textes, le sens profond des lois. Il semble d'ailleurs que toujours après de violens efforts et une grande victoire, l'esprit humain, soit qu'il se complaise dans son triomphe, soit qu'il se repose de ses fatigues, doive s'arrêter avant de faire de nouveaux pas. Lanjuinais voulut ramener les jurisconsultes dans la voie dont ils s'écartaient ; l'étude des législations anciennes, celle de nos lois politiques, l'examen et la discussion des principes philosophiques du droit lui paraissaient nécessaires. Réunis à lui, Target, Portalis, Malleville, restés comme lui du barreau ancien, comme lui croyaient que le législateur ne fait que proclamer des principes supérieurs à sa volonté, et que le droit, enfant de la philosophie, a besoin de puiser sans cesse en remontant à sa source des forces que la sanction humaine ne peut pas lui donner. Ils savaient que de même que le goût ne se forme pas dans les arts par l'admiration d'un seul chef-d'œuvre, la science du droit ne s'acquiert pas par l'étude d'une seule législation, quelque parfaite qu'elle soit. C'étaient de nobles efforts, mais ils devaient demeurer stériles. La science du droit, dans l'organisation nouvelle des écoles, fut restreinte au commentaire de nos lois privées. Plaignons les malheurs des temps, et ne les blâmons pas. La révolution française, fruit des doctrines philosophiques du XVIII siècle, avait d'assez loin dépassé son but, pour que les esprits, même les plus élevés, pussent douter de la légitimité de sa source. Tous les besoins furent sacrifiés au plus impérieux de tous, le rétablissement de l'ordre social. Ainsi ne le voulaient pas sans doute les nécessités des temps; mais l'homme, dans son inquiète ardeur, s'élance toujours au-delà du but pour le mieux atteindre; et la limite précise et vraie, entre la liberté permise et la licence défendue, est à la fois le résultat dernier de ses plus longs efforts, et la plus sublime conception de son intelligence.

« Lanjuinais lui-même avait-il résisté à l'influence de son siècle ? L'ennemi ardent des priviléges, un des fondateurs du club breton, sénateur aujourd'hui, demain comte de l'empire, n'avait-il pas obéi malgré lui et à son insu peut-être, au mouvement réactionnaire ? A Dieu ne plaise, Messieurs, que nous songions à aggraver le reproche ! Trop de malheurs s'étaient accumulés sur la France pour que les plus saintes et les plus nobles croyances ne se fussent pas ébranlées. Napoléon, d'ailleurs, avait eu sa mission aussi, et le suivre alors était un devoir. Quitter la route ancienne pour marcher avec lui, c'était grandir et s'avancer avec l'humanité, ce n'était pas changer. Un jour il abandonna sa tâche et entraîna les hommes qui l'accompagnaient; Lanjuinais, du moins, s'arrêta un des premiers, et le silence du comte prouva qu'il n'avait pas renié les sympathies du Girondin.

A la chute de l'académie de législation, il quitta pour la dernière fois les écoles et dirigea son activité vers de nouveaux travaux. Déjà à Rennes et dans l'école centrale, il avait fait un cours de grammaire générale, il profita des loisirs que l'empire lui laissait pour se livrer de nouveau à l'étude des langues. En quelques mois il apprit l'anglais et l'allemand, et ne tarda pas à être en état de satisfaire le désir qu'il avait toujours nourri de chercher dans les théogonies de l'Orient des preuves des traditions bibliques. Plusieurs travaux intéressans lui ouvrirent, en 1808, les portes de l'Institut, où il alla prendre la place restée vacante par le décès de Bitaubé. C'est ainsi que s'écoulèrent pour lui les années glorieuses de l'empire.

Ce n'étaient là toutefois que des distractions passagères. Oublions-nous jamais complétement les travaux qui ont occupé la moitié de notre vie? Souvent il revint à ses deux anciennes études, le droit et la science politique, et en 1819 les embrassant l'une et l'autre, il publia son *Traité des constitutions;* historien, philosophe, jurisconsulte, il se révèle tout entier dans cette œuvre. Historien, il raconte, avec l'impartialité de l'homme d'un autre temps et avec l'entraînement d'un acteur, les événemens auxquels il a pris part; philosophe, il explique, il justifie, il critique les institutions qui nous régissent; et jurisconsulte, il résout avec une sagacité merveilleuse les difficultés qu'elles soulèvent. Aussi son livre, le seul Traité complet de droit constitutionnel que nous possédions, son livre, promptement populaire, gardera long-temps encore, malgré les modifications de nos lois politiques, la rénommée dont il jouit.

La première partie est consacrée à l'histoire. Un récit rapide, que suspend quelquefois une anecdote intéressante, fait connaître à la fois l'histoire externe et l'histoire interne de nos pactes sociaux. La seconde partie embrasse l'étude du droit constitutionnel sous la Charte de 1814. Nos droits y sont divisés en publics et politiques; les uns qui sont le but, les autres le moyen. Dans une dernière partie, Lanjuinais se proposait de montrer les défauts de nos lois constitutionnelles, les améliorations qu'elles pouvaient obtenir encore; mais il recula devant les dangers et la difficulté de cette tâche; il avait embrassé le passé et le présent, il s'arrêta devant l'avenir.

» J'ai devancé les temps pour terminer le résumé de sa vie littéraire; quelques mots suffiront maintenant pour retracer la dernière partie de sa vie politique.

» Tant que dura l'empire, Lanjuinais, oublié, resta étranger aux événemens. Il reparut en 1814. Un des provocateurs du décret de déchéance, il vota pour la constitution dont l'acceptation devait être exigée du nouveau roi des Français. Louis XVIII n'accepta pas la constitution sénatoriale, et, de son bon plaisir, il octroya une charte à la France. Les cent jours arrivèrent. Déchu de la pairie, Lanjuinais, entré par l'élection dans la Chambre des représentans, fut chargé, le 2 avril 1815, en qualité de président, de porter à l'empereur l'acceptation de son abdication. L'histoire a conservé quelques-unes des paroles qu'il prononça dans cette circonstance solennelle. L'empereur avait déposé la couronne en faveur de son fils; la Chambre, en répondant au message, ne parlait pas du jeune prince. Napoléon s'en plaignit. « La Chambre, répondit le président, n'a délibéré que sur le fait précis de l'abdication; je me ferai un devoir de lui rendre compte du *vœu* de votre majesté pour son fils.

« Napoléon comprit ces paroles : « Dites à la Chambre, reprit-il, que je lui recommande mon fils. »

» Dès les premiers jours de la seconde restauration, les réactions s'annoncèrent avec violence, et trouvèrent Lanjuinais, jeune encore, pour les combattre. Juge dans le procès de Ney, il soutint qu'il devait être permis à l'accusé d'invoquer la capitulation de Paris ; avec deux autres pairs, MM. de Nicolaï et d'Aligre, il protesta contre la violation du droit sacré de la défense, et ne renonça à sa protestation que pour augmenter les votes en faveur d'une peine qui n'eût pas été irréparable. On le vit alors et depuis s'opposer à toutes les mesures rétrogrades. Tantôt il s'élevait à la tribune contre les nouvelles lois des suspects, tantôt il repoussait les projets qui tendaient à indemniser les émigrés. Quelquefois, retrouvant sa vieille autorité de canoniste et des armes depuis long-temps inutiles, il combattait les atteintes portées, dans un concordat célèbre, aux libertés de l'église gallicane, ou dénonçait les persécutions dirigées contre les prêtres constitutionnels, parmi lesquels il comptait un frère. Sans cesse dans ses discours, dans ses brochures nombreuses, il s'opposait aux envahissemens du pouvoir, réclamait les complémens de la Charte, et n'épargnait jamais un trait amer presque instinctivement lancé, à une compagnie puissante que jeune il s'était accoutumé à haïr, et dont les efforts et l'influence croissante effrayaient sa vieillesse. Un jour seulement l'espoir lui revint, un ministère libéral promettait pour l'avenir l'exécution loyale de nos lois politiques ; et quittant le présent pour le passé, échangeant le rôle d'acteur contre celui d'historien, il écrivit son *Traité des Constitutions.*

» Ce fut une courte halte dans une course vers un précipice. Le pouvoir reprit bientôt sa marche fatale, et Lanjuinais reparut dans les rangs de ses adversaires. On l'entendit encore, et dans la discussion des lois de la presse de 1822, et dans celle de la loi célèbre du sacrilége, « destinée, disait-il, a arrondir nos Codes sanguinaires. Mais sa santé, usée par les luttes parlementaires, déclinait rapidement. Depuis longtemps un repos absolu aurait été nécessaire pour arrêter les progrès d'une maladie incurable, conséquence de l'agitation de sa vie, et cependant il montait encore à la tribune ; et on admirait en lui « cette verdeur de vieillesse qui étonnait la jeunesse la » plus ardente (1). » Les émotions abrégèrent promptement les jours qui lui restaient à passer, et le 13 janvier 1827, à la suite d'une courte maladie, la France le perdit.

---

(1) *Éloge de Lanjuinais,* par M. de Ségur.

» Sa vie privée fut aussi calme que sa vie publique avait été agitée. La simplicité de ses mœurs, l'austérité de ses croyances, l'impétueuse vivacité de son esprit, la fermeté quelque peu bretonne de son caractère, une inaltérable bonté : tels étaient les traits principaux qui le distinguaient. Le travail occupait tous ses instans. La Chambre des pairs, l'Institut et l'église, étaient les seuls lieux de réunion dans lesquels on le rencontrât.

» Aussi bon qu'il était vif, il donna plusieurs fois asile aux conventionnels qui l'avaient proscrit. Aussi tolérant qu'il était pieux, il aima les hommes dont les mœurs, les opinions, les croyances, différaient le plus des siennes et fut aimé d'eux. Volney et Dupuis, l'abbé Grégoire et le président Agier, occupèrent une place presque égale dans son affection. « Mon père, lui disait Mᵐᵉ de Staël en l'an 3, m'écrivait hier que vous étiez l'homme de France dont il estimait le plus le caractère et les opinions ; » et au suffrage de Necker elle ajoutait, en termes plus flatteurs encore l'assurance de sa propre admiration ; c'est ainsi que l'apprécièrent tous les hommes qui le connurent. Qui ne s'est pas étonné de sa vivacité et de l'étendue de ses connaissances ? Qui n'a pas aimé sa franchise et sa bonté ? Qui n'a pas admiré la noblesse de son caractère ?

» Souvent accusé de jansénisme, il repoussa plusieurs fois ce reproche comme un de ceux que la haine des partis invente et que répète une jalouse crédulité. Du reste, étranger aux querelles de Jansénius, mais strict observateur des canons, il admirait les écrivains de Port-Royal, aimait à attaquer les jésuites, se permettait de contester l'infaillibilité du pape, répétait souvent avec Saint-Paul : « Que tout pontife qui n'est qu'un homme est sujet à faillir ; » et on a retenu de lui ce mot spirituel et profond à la fois, le dernier mot du dernier des canonistes et la profession de foi la plus exacte peut-être de notre ère nouvelle en ces matières : Que l'église gallicane a autant de liberté, que Rome a d'injustes prétentions.

« Vous connaissez la vie privée et le caractère de Lanjuinais, vous voudrez peut-être savoir quel il était dans sa chaire ? Il faut l'avouer, Messieurs, le professeur ne méritait pas la renommée de l'orateur. Un savoir immense, mais confus ; un mélange quelquefois heureux, mais aussi parfois étrange, de droit coutumier, de droit romain, de droit ecclésiastique ; un style suspendu souvent comme la pensée, pour prendre la première route qui se rencontrait, quelque loin du but qu'elle dût le mener ; et, au milieu de tout cela, de brillans éclairs, des traits d'une admirable profondeur, tels étaient les qualités et les défauts du professeur de droit canon à Rennes, et du professeur de pandectes de l'Académie de législation. Après vous avoir fait connaître ce qui manquait à son enseignement, pourrions-nous

ne pas vous rappeler l'indulgente bonté avec laquelle il accueillait
ses élèves, ses conseils pour tous, et l'amitié qu'il conserva pour
quelques-uns? Je ne citerai entre eux que deux hommes, remarqua-
bles également l'un et l'autre à des titres divers, ses élèves dans
des temps et dans des lieux différens, l'un à Rennes et dans l'Ecole
centrale, l'autre à Paris et dans l'Académie de législation, M. Carré
et M. Dupin aîné.

» Pour vous faire bien connaître Lanjuinais, un trait manquera
toujours au tableau; il faudrait pouvoir vous le montrer à la tribune.
C'est là surtout, quand sa pensée ardente animait ses traits forte-
ment prononcés, qu'il exerçait un véritable empire. Jamais le défaut
d'une expression n'arrêtait ses idées impétueuses ; il n'avait pas re-
cours non plus à la ressource lente d'une périphrase; mais le mot
qu'il ne trouvait pas, il le créait, et par une expression quelquefois
hardie, souvent neuve et heureuse, donnait à son style une piquante
originalité. Loin de lui les précautions oratoires dont ne s'accommo-
dait pas sa brusque franchise. Etait-il interrompu, sa force et sa vivacité s'augmentaient, et sa voix puissante, faite pour les combats de la
tribune, dominait les tumultueux orages qui dans ces temps d'agitation bouleversèrent si souvent nos assemblées délibérantes.

» Tel fut Lanjuinais. Orateur, jurisconsulte, publiciste, il eut une
belle renommée, une haute puissance, et fut dans nos longues révolutions le représentant d'une grande pensée sociale, la pensée du
droit. Dans sa chaire, à la tribune, dans ses écrits, il démontra, pour-
suivit, justifia la même thèse, et restera grand dans l'avenir par la
beauté de sa tâche et la sublimité de ses efforts.

» Jurisconsulte, il employa dans de laborieuses études la partie
la plus belle de sa vie; puis, lorsque distrait pour un temps par les
événemens politiques, il lui fut permis de revenir aux travaux de sa
jeunesse, devançant son siècle, il chercha à donner au droit une base
qui ne devrait jamais lui manquer, la philosophie, et fit de louables
efforts pour séparer le droit de la loi, avec laquelle on tendait à le
confondre.

» Orateur, homme d'état, il servit la France dans les temps les
plus divers, et ne désespéra jamais du salut de la patrie. Ennemi
de toutes les réactions, il proclamait en 1819, dans son Traité des
constitutions, le respect dû aux faits accomplis sous l'empire de
tous les pouvoirs, et regrettait que nous n'eussions pas, comme
l'Angleterre, une loi qui consacrât la légitimité des gouvernemens
de fait. Mais avant tout il voulait la liberté, et la voulait sans

excès. Tandis qu'il est des hommes dont l'esprit flexible se plie aisément aux nécessités de leur époque, et sait s'y conformer, il en est
d'autres, et tel était Laujunais, dont l'esprit plus ferme et plus droit
voit le juste et le vrai, les veut et y marche, quelque insurmonta-
bles que soient les obstacles. Vingt années passées dans l'étude du
droit, le sol même qui l'avait vu naître, ses croyances, la simplicité
et l'isolement de sa vie, augmentèrent les qualités de son esprit.
Aussi, son audace croissait avec le danger, sa fermeté avec la faiblesse de son parti. Depuis longtemps déjà il ne restait plus de
chances de succès, et cependant il ne cédait pas encore. Lorsqu'au
2 juin, seul et sans appui, il luttait contre une assemblée tout entière, imposait silence aux uns par son énergie, aux autres par
son éloquence, il avait le jugement trop sûr pour conserver même
un rayon d'espoir, cependant il parlait encore, et sa voix, comme
une protestation dernière de la justice, comme le dernier cri de la
liberté, en appelait à la postérité de la violence qui l'allait proscrire.

» Publiciste, il prit part à presque tous les travaux législatifs de
nos soixante dernières années, et après avoir mis la main à nos réformes sociales, se fit l'historien de nos constitutions, expliqua la
dernière, la justifia et en réclama le complément, comme s'il avait
prévu que sa tâche à lui était remplie, et qu'il était temps de ré-
sumer son œuvre.

» Lorsque l'empereur, voulant recréer l'aristocratie ancienne, dé-
cora par un décret, tous les sénateurs du titre de comte, Lanjuinais
ennobli avec tant d'autres, assez grand pour ne pas repousser ces titres, dont s'enorgueillissait peu d'ailleurs son libéralisme plébéien,
prit pour devise de ses armes deux mots qui exprimaient son but
et ses moyens, et qui resteront comme le résumé le plus exact de sa
vie, et son plus bel éloge : «Dieu et les Lois.»

Ce discours, écouté avec une attention soutenue, a plusieurs
fois provoqué d'unanimes marques d'approbation. M. le bâtonnier et les anciens avocats présens à la séance adressent à l'orateur de vives félicitations sur le talent dont il a fait preuve dans
l'accomplissement de la tâche qui lui était confiée.

(Extrait de la Gazette des Tribunaux.)

A. GUYOT, IMPRIMEUR DU ROI.
Rue Neuve-des-Petits-Champs, 37.